AF230336

8° L⁴ h
1250

DOCUMENTS

RELATIFS

A L'ORGANISATION

DE LA

SOCIÉTÉ INTERNATIONALE

ET DES

COMITÉS NATIONAUX ET SECTIONNAIRES

DE

SECOURS AUX BLESSÉS DES ARMÉES DE TERRE ET DE MER

SUIVIS DU

RÈGLEMENT

DU

COMITÉ SECTIONNAIRE

ÉTABLI A GRENOBLE.

Publiés par le Comité.

SE VEND

au profit de la caisse des secours aux blessés.

GRENOBLE

IMPRIMERIE DE F. ALLIER PÈRE ET FILS

Grande-Rue, 8, cour de Chaulnes.

1870

[illegible]

[illegible]

[illegible]

[illegible]

[illegible]

DOCUMENTS

RELATIFS

A L'ORGANISATION

DE LA

[SO]CIÉTÉ INTERNATIONALE

ET DES

[C]OMITÉS NATIONAUX ET SECTIONNAIRES

DE

[SEC]OURS AUX BLESSÉS DES ARMÉES DE TERRE ET DE MER

SUIVIS DU

RÈGLEMENT

DU

[C]OMITÉ SECTIONNAIRE

ÉTABLI A GRENOBLE.

Publiés par le Comité.

SE VEND

au profit de la caisse des secours aux blessés.

GRENOBLE

IMPRIMERIE DE F. ALLIER PÈRE ET FILS

Grande-Rue, 8, cour de Chaulnes.

1870

1871

Les documents réunis dans ce livret par les soins du Comité sectionnaire international des secours aux blessés militaires institué à Grenoble, ont pour but de faire connaître l'œuvre et de lui attirer le plus d'adhérents possible.

Cette petite brochure se vend, au profit de la caisse de secours aux blessés, par le Comité et chez tous les libraires.

Les adhésions, les offres de service, les dons de toute nature sont reçus au siége du Comité, hôtel de ville, ancienne salle du conseil municipal, à côté de la caisse d'épargne, tous les jours, de neuf heures du matin à midi, et de deux à cinq heures du soir.

S'y adresser pour toutes les demandes de renseignements concernant les blessés prisonniers de guerre, en traitement dans les hôpitaux, ou relatifs à l'organisation des ambulances et secours.

[illegible]

SOCIÉTÉ
INTERNATIONALE ET UNIVERSELLE

DE SECOURS

AUX

BLESSÉS MILITAIRES.

I.

Il y a dix ans environ que des citoyens généreux, émus par les souffrances des blessés de la guerre d'Italie et prévoyant les effets terribles des engins destructeurs employés à la guerre dans ces derniers temps, conçurent le projet de remédier à ces maux par tous les moyens en leur pouvoir.

Ils convoquèrent dans ce but, à Genève, les représentants de toutes les nations dans une conférence qui eut lieu le 26 octobre 1863. Les promoteurs de cette réunion s'adressant à tout l'univers, demandaient :

1º D'obtenir des gouvernements la neutralisation complète des services de santé ;

2º De former en tous pays des Comités permanents chargés de préparer des secours pour l'éventualité d'une guerre ;

3⁰ De former des corps d'hospitaliers volontaires.

A cette première démarche sont attachés les noms de MM. Henri Dunant, de Genève, et de Gustave Moynier, qui ont ainsi acquis des droits à la reconnaissance de tous les peuples.

La conférence réunie à Genève, le 26 octobre 1863, arrêta les résolutions suivantes :

II.

RÉSOLUTIONS

De la conférence internationale tenue à Genève, le 26 octobre 1863 (1).

La Conférence internationale, désireuse de venir en aide aux blessés dans le cas où le service de santé militaire serait insuffisant, adopte les résolutions suivantes :

ARTICLE PREMIER.

Il existe dans chaque pays un Comité dont le mandat consiste à concourir en temps de guerre, s'il y a lieu, par tous les moyens en son pouvoir au service de santé des armées.

---

(1) Rapport du Comité central français 1865, page 44.

Le Comité s'organise lui-même de la manière qui lui paraît la plus utile et la plus convenable.

ART. 2.

Des sections en nombre illimité peuvent se former pour seconder le Comité auquel appartient la direction générale.

ART. 3.

Chaque Comité doit se mettre en rapport avec le gouvernement de son pays pour que ses offres de service soient agréées, le cas échéant.

ART. 4.

En temps de paix, les Comités et les Sections s'occupent des moyens de se rendre véritablement utiles ; en temps de guerre, spécialement en préparant des secours matériels de tout genre et en cherchant à former et à instruire des infirmiers volontaires.

ART. 5.

En temps de guerre, les Comités des nations belligérantes fournissent, dans la mesure de leurs armées respectives; en particulier ils organisent et mettent en activité les infirmiers volontaires, et ils font disposer, d'accord avec l'autorité militaire, des locaux pour soigner les blessés.

Ils peuvent solliciter le concours des Comités appartenant aux nations neutres.

Art. 6.

Sur l'appel ou avec l'agrément de l'autorité militaire les Comités envoient des infirmiers volontaires sur le champ de bataille. Ils les mettent alors sous la direction des chefs militaires.

Art. 7.

Les infirmiers volontaires employés à la suite des armées doivent être pourvus par les Comités respectifs de tout ce qui est nécessaire à leur entretien.

Art. 8.

Ils portent dans tous les pays, comme signe distinctif uniforme, un brassard blanc avec une croix rouge.

Art. 9.

Les Comités et les Sections des divers pays peuvent se réunir en congrès internationaux pour se communiquer leurs expériences et se concerter sur les mesures à prendre dans l'intérêt de l'œuvre.

Art. 10.

L'échange des communications entre les Comités des diverses nations se fait provisoirement par l'entremise du Comité de Genève.

Une année ne s'était pas encore écoulée que des

délégués de presque toutes les nations de l'Europe,
réunis à Genève, signaient une convention diploma-
tique dont voici le texte :

III.

CONVENTION DIPLOMATIQUE

*Signée le 23 août 1864 par les délégués des
Souverains de l'Europe* (1).

S. A. R. le grand duc de Bade, S. M. le roi des
Belges, S. M. le roi de Danemarck, S. M. la reine
d'Espagne, S. M. l'empereur des Français, S. A. R.
le grand duc de Hesse-Darmstadt, S. M. le roi
d'Italie, S. M. le roi des Pays-Bas, S. M. le roi de
Portugal et des Algraves, S. M. le roi de Prusse, la
Confédération Suisse, S. M. le roi de Wurtemberg
également animés du désir d'adoucir, autant qu'il
dépend d'eux, les maux inséparables de la guerre,
de supprimer les rigueurs inutiles et d'améliorer le
sort des militaires blessés sur les champs de bataille,
ont résolu de conclure une convention à cet effet et
ont nommé pour leurs plénipotentiaires, savoir
(suivent les noms des honoraires et de leurs représentants).

---

(1) *La Guerre et l'Humanité au dix-neuvième siècle*, par
Léonce de Cazenove, page 32.

Article premier.

Les ambulances et les hôpitaux militaires seront reconnus neutres et comme tels protégés et respectés par les belligérants aussi longtemps qu'il s'y trouvera des malades ou des blessés.

La neutralité cesserait si ces ambulances ou ces hôpitaux étaient gardés par une force militaire.

Art. 2.

Le personnel des hôpitaux et des ambulances comprenant l'intendance, les services de santé, d'administration, de transport des blessés, ainsi que les aumôniers, participera au bénéfice de la neutralité lorsqu'il fonctionnera et tant qu'il restera des blessés à relever ou à secourir.

Art. 3.

Les personnes désignées dans l'article précédent pourront, même après l'occupation par l'ennemi, continuer à remplir leurs fonctions dans l'hôpital ou l'ambulance qu'elles desservent, ou se retirer pour rejoindre le corps auquel elles appartiennent. Dans ces circonstances, lorsque ces personnes cesseront leurs fonctions, elles seront remises aux avant-postes ennemis par les soins de l'armée occupante.

Art. 4.

Le matériel des hôpitaux militaires demeurant soumis aux lois de la guerre, les personnes attachées

à ces hôpitaux ne pourront, en se retirant emporter
que les objets qui sont leur propriété particulière.
Dans les mêmes circonstances, l'ambulance conser-
vera son matériel.

Art. 5.

Un drapeau distinctif et uniforme sera adopté pour
les ambulances, les hôpitaux et les évacuations. Il
devra être en toute circonstance accompagné du drapeau national.

Un brassard sera également admis pour le personnel neutralisé, mais la délivrance en sera laissée
à l'autorité militaire.

Le drapeau et le brassard porteront croix rouge
sur fond blanc.

Art. 6.

Les militaires blessés et malades seront recueillis
et soignés à quelque nation qu'ils appartiennent.

Les commandants en chef auront la faculté de re-
mettre immédiatement aux avant-postes ennemis les
militaires ennemis blessés pendant le combat, lorsque
les circonstances le permettent, et du consentement
des deux parties.

Seront renvoyés dans leurs pays, ceux qui, après
guérison, seront reconnus incapables de servir; les
autres pourront être également renvoyés, à la condition de ne pas prendre les armes pendant la durée
de la guerre.

Les évacuations, avec le personnel qui les dirige, seront couvertes par une neutralité absolue.

Art. 7.

Les habitants du pays qui porteront secours aux blessés seront respectés et demeureront libres.

Les généraux des puissances belligérantes auront pour mission de prévenir les habitants de l'appel fait à leur humanité, et de la neutralité qui en sera la conséquence.

Tout blessé recueilli et soigné dans une maison y servira de sauvegarde. L'habitant qui aura recueilli chez lui des blessés sera dispensé du logement des troupes ainsi que d'une partie des contributions de guerre qui seraient imposées.

Art. 8.

Les détails d'exécution de la présente Convention seront réglés par les commandants en chef des armées belligérantes, d'après les instructions de leurs gouvernements respectifs et conformément aux principes généraux énoncés dans cette Convention.

Art. 9.

Les hautes puissances contractantes sont convenues de communiquer la présente Convention aux gouvernements qui n'ont pu envoyer des plénipotentiaires à la conférence internationale de Genève, en les invitant à y arriver : le protocole est à cet effet laissé ouvert.

/

Art. 10.

La présente Convention sera ratifiée, et les ratifi-
cations en seront échangées à Berne dans l'espace de
quatre mois, ou plus tôt si faire se peut.

En foi de quoi les plénipotentiaires respectifs l'ont
signée, et y ont apposé le cachet de leurs armes.

Fait à Genève, le vingt-deuxième jour du mois
d'août de l'an mil huit cent soixante-quatre.

Ont adhéré postérieurement à cette Convention :

Le Gouvernement de S. M. LA REINE DE LA
GRANDE-BRETAGNE ET D'IRLANDE.

S. M. LE ROI DE SUÈDE ET DE NORWÉGE.

S. M. LE ROI DE GRÈCE.

S. M. LE ROI DE BAVIÈRE.

S. A. R. LE GRAND DUC DE MECKLEMBOURG-
SCHWERIN.

S. M. I. L'EMPEREUR D'AUTRICHE.

Un Comité international provisoire, formé à Paris,
se réunit le 25 mai 1864 : la Société se constitua définitivement en Comité central français le 11 mars
1865, et arrêta les statuts généraux ci-après :

IV.

STATUTS

De la Société de secours aux blessés des armées de terre et de mer (1).

ARTICLE PREMIER.

La Société a pour objet de concourir par tous les moyens en son pouvoir au soulagement des blessés et des malades sur les champs de bataille, dans les ambulances et dans les hôpitaux.

ART. 2.

Elle se compose de membres fondateurs qui souscrivent pour une souscription annuelle de 30 fr., et de membres souscripteurs dont la souscription annuelle ne peut être inférieure à 6 fr.

Les Dames peuvent à ce double titre en faire partie.

ART. 3.

La Société adhère aux principes généraux énoncés dans la Conférence internationale de 1863, et dans la Convention signée à Genève le 22 août 1864.

---

(1) *Loc. citat.*, page 149.

— 15 —

Art. 4.

La haute direction des travaux de la Société est confiée à un Conseil siégeant à Paris, sous la présidence honoraire de LL. Exc. les Ministres de la guerre et de la marine. Ce Conseil est composé de cinquante membres élus par l'Assemblée générale des fondateurs, pour cinq ans, et toujours rééligibles.

Il est renouvelé chaque année par cinquième.

Il nomme un président, des vice-présidents, un-secrétaire général et un trésorier.

Art. 5.

Le Conseil nomme pour trois ans un Comité d'administration de vingt-cinq membres. Ces membres peuvent toujours être réélus.

Art. 6.

Le Comité organise tous les moyens d'action, en personnel et en matériel. Il dirige l'instruction de ses agents, pourvoit à tous leurs besoins, sur les divers points où ils sont appelés ; il reçoit les dons et secours, et il en fait l'emploi selon les nécessités du service. Il correspond avec les ministres pour obtenir l'adoption des mesures qui intéressent la marche de l'œuvre.

Art. 7.

Le Comité se réunit une fois par mois, ou plus souvent si les travaux de la Société l'exigent.

— 16 —

En cas d'absence du président ou des vice-présidents, le membre le plus âgé préside la séance.

La présence de six membres suffit pour délibérer.

Art. 8.

Toutes les fonctions du Conseil et du Comité sont gratuites.

Art. 9.

Les ressources de la Société se composent du revenu de ses biens de toute nature, du produit des cotisations annuelles des fondateurs et des souscripteurs, des dons et des legs qu'elle est autorisée à accepter, des offrandes de diverses natures qui lui sont adressées, et enfin des subventions qui pourraient lui être accordées.

Art. 10.

Le trésorier de la Société est chargé de la comptabilité et de la caisse.

Art. 11.

Les fonds disponibles seront déposés, au choix du Conseil, dans un établissement financier dont le gouverneur est nommé par l'empereur, ou dont le directeur ou le président du Conseil d'administration est nommé par le Gouvernement. Les excédants de recettes, qui ne seront pas nécessaires aux besoins et au développement de la Société, seront placés en rentes sur l'État, ou en obligations de chemin de fer français.

Art. 12.

Un règlement arrêté par le Conseil détermine les conditions de l'administration intérieure, et toutes les dispositions de détails propres à assurer l'exécution des statuts.

Art. 13.

Le compte-rendu moral et financier de l'œuvre est présenté chaque année, en assemblée générale, aux fondateurs convoqués spécialement à cet effet.

Ce compte-rendu est adressé aux ministres de la guerre, de la marine et de l'intérieur.

Art 14.

Aucune modification ne pourra être apportée aux présents statuts sans autorisation du Gouvernement.

— —

L'œuvre fondée en France sous la dénomination de *Société de secours aux blessés militaires des armées de terre et de mer* dont le but est de concourir au soulagement des blessés et des malades sur es champs de bataille, dans les ambulances et dans les hôpitaux, fut reconnu par le gouvernement rançais comme établissement d'utilité publique le 23 juin 1866.

2

Outre les statuts généraux de la Société, il fut créé encore un règlement intérieur pour la régir.

V.

RÈGLEMENT INTÉRIEUR

De la Société de secours aux blessés militaires (1).

ARTICLE PREMIER.

La Société de secours aux blessés militaires est destinée à devenir, en temps de guerre, l'auxiliaire du service sanitaire dans les armées de terre et de mer.

Elle forme en quelque sorte la réserve de ce service.

ART. 2.

Le Société recueille, pendant la paix, au moyen de souscriptions les ressources nécessaires pour se trouver en mesure d'agir dès le début des hostilités.

Elle accepte, en outre, les dons qui lui sont adressés, les legs qui lui sont faits et en général toute espèce d'offrande.

____

(1) *Loc. cit.*, page 156.

Art. 3.

Le Comité central de la Société a son siége dans Paris.

Il provoque en France et dans toutes les possessions françaises la formation de Comités sectionnaires en nombre illimité. Il s'efforce également de former des Comités de dames.

Les Comités nomment leur président ; les nominations sont soumises au Comité central qui les confirme par l'envoi d'un diplôme.

Douze places sont réservées dans le Conseil d'administration pour les représentants des Comités sectionnaires et six pour les dames désignées par les Comités dont elles font partie.

Au commencement de chaque année, les Comités sectionnaires et les Comités de dames envoient au Comité central un compte rendu de leurs travaux et un exposé de leur situation financière.

Chacun de ces Comités est tenu d'adresser à la même époque au Comité central le cinquième des souscriptions qu'il a pu recueillir pendant l'année.

Cette cotisation est placée en rentes sur l'État ou en obligations de chemins de fer français et forme le fonds de réserve de la Société. Les revenus en sont ajoutés au capital d'année en année.

Art. 4.

En temps de guerre, le Comité central dispose seul de tous les fonds de la Société. Il doit, toutefois, mentionner avec soin la provenance des dons en argent et nature qu'il distribue.

Art. 5.

Pendant la paix, chaque Comité a la libre disposition des fonds qu'il a recueillis, sous la réserve du versement mentionné à l'art 3.

Le but de la Société étant de seconder, aussi bien pendant la paix que pendant la guerre, l'action administrative, ces fonds seront exclusivement appliqués à des achats de matériel ;

A la préparation d'un personnel hospitalier ;

Au soulagement des souffrances et des infortunes, suite des guerres ou d'épidémies en campagne.

Art. 6.

A la fin de chaque année, le président convoque une assemblée générale de tous les membres souscripteurs.

Il est donné à l'avance la plus grande publicité possible à cette réunion.

Indépendamment de cette réunion annuelle, le président convoquera les assemblées extraordinaires toutes les fois qu'il le jugera nécessaire.

Le Comité soumet à l'examen et à la sanction de l'assemblée générale le compte-rendu général et financier de l'année précédente.

L'assemblée générale prend ses décisions à la majorité des voix présentes. Dans le cas de partage égal des suffrages, la voix du président emportera le vote.

Les rapports qui auront été lus et les décisions qui seront prises en assemblée générale, devront être insérés dans le Bulletin qui est publié par la Société.

ART. 7.

La Société adopte pour sceau un écusson blanc avec croix rouge, dite octogone, entourée d'un ruban sur lequel est écrit le titre de la Société.

En temps de guerre, tout le matériel distribué par les Sociétés de secours porte la marque de la Société.

Les personnes envoyées par la Société à la suite des armées ou des flottes portent, comme signe distinctif au bras gauche, un brassard blanc avec croix rouge, dite octogone.

Tous les dépôts, ambulances, hôpitaux, navires, embarcations et établissements quelconques, appartenant à la Société, seront surmontés d'un drapeau analogue.

Des mesures sont prises par le Comité central, d'accord avec le ministre de la guerre et le ministre de la marine, les généraux commandant les armées et les amiraux commandant les escadres, pour qu'il ne puisse être fait abus de ce signe distinctif.

Le pavillon de la Société est accordé aux bâtiments et aux embarcations de plaisance qui en font la demande.

Art. 8.

Lorsque l'armée ou la flotte est mise sur pied de guerre, le Comité central, après s'être concerté avec le ministre de la guerre ou de la marine, convoque le Conseil.

Un appel est immédiatement adressé par tous les moyens possibles de publicité, à la nation tout entière, pour provoquer des dons de toute nature destinés à soulager les malades et les blessés des flottes en campagne.

Un service d'infirmiers volontaires est immédiatement organisé.

Il est également fait un appel aux ecclésiastiques de tous les cultes, pour qu'ils viennent apporter aux blessés et aux malades les secours et les consolations de la religion.

Art. 9.

Les corps d'armée ou les escadres étant formés, le Comité central délègue auprès du commandant en chef et de chaque commandant de corps d'armée ou d'escadre, un de ses membres, dont le choix est sanctionné par le Conseil.

Ces délégués correspondent directement avec le Comité central.

Ils ont pour mission de préparer l'établissement des ambulances et tout ce qui sera nécessaire aux besoins des malades et des blessés. Ils veillent à l'emploi des ressources qui lui sont fournies par la Société.

Le personnel des infirmiers volontaires est placé sous les ordres de ces délégués.

Ils doivent chercher par tous les moyens possibles à améliorer l'état des malades et des blessés, et se concerter avec les chefs de service de santé pour faciliter le service.

Art. 10.

Dès le commencement des hostilités, le Comité central s'efforce d'établir, à proximité du théâtre de la guerre, tous les moyens d'action en personnel et en matériel.

Art. 11.

La guerre terminée, les délégués adresseront au Comité central un compte-rendu détaillé de leurs actes, des dépenses qui ont été effectuées et des résultats obtenus pendant leur administration.

Dans l'espace de six mois après la conclusion de la paix, le président convoquera une assemblée générale, à laquelle sera présenté un rapport détaillé sur les opérations de la Société pendant la guerre.

Tous les dons faits à la Société, les cotisations des membres fondateurs et souscripteurs, ont surtout pour but de former un fonds de réserve, dont l'emploi en temps de paix, prévu à l'art. 11 des Statuts, est consacré à l'acquisition du matériel de la Société et des objets en nature indispensables au soulagement des blessés, lorsque le moment d'agir est venu.

VI.

Des Comités sectionnaires ne tardèrent pas à se former dans les principales villes des pays qui avaient adhéré à la convention de Genève.

Grenoble n'avait point encore pris part à ce mouvement généreux quand éclata la guerre de 1870.

Cependant un Comité départemental fut constitué dans notre ville et n'a pas cessé de fonctionner d'une manière très utile et très active depuis sa création.

C'est dans ces conditions que pour remplir aussi complétement que possible les intentions des fondateurs de l'œuvre internationale, le corps médical de Grenoble et des environs a pris l'initiative de former un Comité sur les bases adoptées par la convention de Genève.

L'exécution de ce projet a été malheureusement retardé par des circonstances indépendantes de toute la bonne volonté de ses zélés promoteurs. Plusieurs d'entre eux, pressés d'agir par les événements, organisèrent l'ambulance volante Dauphinoise. Grâce aux efforts persévérants de MM. les Drs Juvin, Berger, Corcellet et Gaché, en moins d'un mois cette ambulance était complétement mise en mesure de rendre des services et a pu entrer en campagne le 20 novembre courant.

A la suite de plusieurs réunions préparatoires tenues à l'hôtel de ville, sous la présidence de M. le Dr Buissard, le Comité s'est définitivement constitué le 11 novembre 1870.

Une commission composée de MM. Casimir Bigillon, président à la Cour d'appel ; Henri Breton, professeur à l'école de médecine de Grenoble, et Armand-Rey, professeur à l'école de médecine, rapporteur, a présenté à l'assemblée générale le travail suivant :

VII.

PRÉAMBULE.

Messieurs,

Avant de vous soumettre le projet de règlement que vous nous avez chargés de préparer, quelques explications préliminaires sont indispensables

Une discussion s'était élevée dans vos dernières réunions sur la manière la plus convenable de constituer votre Comité. L'art. 1er des résolutions de la conférence internationale tenue à Genève le 26 octobre 1863 tranche définitivement cette question.

Cet article est ainsi conçu :

« Il existe dans chaque pays un Comité dont le
« mandat consiste à concourir en temps de guerre,
« s'il y a lieu, par tous les moyens en son pouvoir,
« au service de santé des armées. Le Comité *s'or-*
« *ganise lui-même de la manière qui lui paraît*
« *la plus utile et la plus convenable.* »

L'art. 3 confirme la proposition faite par l'un
de vos collègues de dénoncer la constitution de votre
Comité au gouvernement de Tours. Voici le texte
de cet article :

« Chaque Comité doit se mettre en rapport avec
« le gouvernement de son pays pour que ses offres
« de service soient agréées le cas échéant. »

Une disposition du même article nous fait un devoir d'associer les dames à notre œuvre et leur
réserve six places, sur trente, dans le conseil d'administration.

Comme dernier renseignement relatif à la constitution des Comités internationaux, le règlement
intérieur de la société de secours aux blessés
militaires indique formellement l'attribution donnée
au Comité central siégeant à Paris.

« De provoquer en France la formation de Comités
« sectionnaires *en nombre illimité.* »

Ces divers documents consacrent, comme vous le
voyez, votre droit absolu de vous constituer *vous-*
mêmes et de vous mettre directement en rapport

avec l'autorité supérieure, sans avoir à vous rattacher à aucun autre Comité sectionnaire existant.

Il est bon de rappeler ici le but fondamental que s'est proposé la société internationale, savoir : « 1º d'obtenir du gouvernement la neutralité com-« plète *des services de santé* ; 2º de former en « tous pays des Comités permanents chargés *de pré-« parer* des secours pour l'éventualité d'une guerre ; « 3º de former des corps d'hospitaliers volontaires. »

L'art. 6 de la convention de Genève établit la différence capitale qui existe entre les Comités inter-nationaux et ceux qui sont particulièrement institués pour les besoins d'un pays. Les Comités internatio-naux « recueillent et soignent les blessés et les « *malades*, a quelque nation qu'ils appartien-« nent. »

La disposition qui vient d'être citée et l'art. 1er des statuts généraux de la société apportent une solution à la discussion qui s'était élevée dans cette assemblée sur le point de savoir si les Comités inter-nationaux devaient ou non se borner à donner des soins aux militaires *blessés*. Il résulte de la con-vention de Genève et des statuts généraux que votre action peut s'étendre aux *malades* puisqu'elle a pour objet « de concourir par tous les moyens en son pouvoir au soulagement des blessés et *des ma-« lades* sur les champs de bataille, *dans les ambu-« lances et dans les hôpitaux.* »

Quant à la composition du personnel de votre

Comité, nous avons dû consulter les renseignements qui nous sont parvenus de Lyon. Afin d'arriver à l'uniformité d'organisation aussi complète que possible avec les autres Comités sectionnaires français, nous avons été conduits à vous proposer de diviser celui que vous venez de fonder à Grenoble, en plusieurs sections spéciales. Vous obtiendrez ainsi, en partageant le travail, plus de précision et plus de célérité dans l'exécution des mesures que vous croirez devoir adopter.

Nous avons admis en principe la division du Comité de Grenoble en trois sections : 1º une section médicale des hôpitaux et des ambulances ; 2º une section administrative ; 3º une section des quêtes, des secours à domicile et de la lingerie.

Les trois sections seront représentées dans un conseil d'administration, par un nombre de membres pris dans leur sein et proportionné à l'importance des services dont elles sont chargées. Ce conseil existe dans les autres Comités sectionnaires.

Le bureau du Comité sectionnaire lyonnais se compose : de trois présidents honoraires, d'un président, de trois vice-présidents, d'un secrétaire général, de deux secrétaires du bureau, d'un trésorier et de vingt-et-un membres ou conseillers.

Le nombre des secrétaires est illimité.

Pour plusieurs motifs nous vous proposerons d'adopter la même organisation, en ajoutant un quatrième président honoraire.

Les quatre présidents honoraires seront le général de division, le préfet, l'évêque et le maire de Grenoble.

Dans une société comme celle que nous créons, nous ne pouvons prétendre à l'indépendance. Par le but que nous poursuivons et pour les besoins de notre œuvre, sans cesse en rapport avec l'autorité supérieure, il est utile d'en associer les représen_tants immédiats à nos travaux journaliers. C'est le meilleur moyen de gagner leur confiance et de nous les rendre favorables.

En appelant un plus grand nombre de sociétaires à la direction de nos affaires nous en rendons la tâche moins lourde et nous assurons à nos décisions plus de maturité et de sagesse.

En limitant enfin à vingt-et-un conseillers la portion réellement active de notre Comité, nous avons pourvu à l'accomplissement régulier de tous nos services, sans nous priver du précieux concours de nos collègues du dehors, qui, faute de pouvoir se rendre à nos réunions aussi régulièrement qu'ils le voudraient, nous seront utiles d'une autre manière, tout en se trouvant dégagés des obligations d'assiduité aux séances imposées aux membres du conseil.

Nous terminerons ces considérations préliminaires par l'examen des différentes opinions qui ressortent, soit des documents que vous avez mis à notre disposition, soit des renseignements recueillis à Lyon et à Genève par vos délégués ; opinions relatives aux conditions de la délivrance et du port des insignes créés par la Convention internationale.

Deux doctrines sont ici en présence :

La doctrine genevoise qui considère que ces insignes, qui sont un gage de protection et de neutralisation, appartiennent de droit à tous ceux qui se consacrent activement au but que l'œuvre s'est proposé.

La doctrine que nous appellerons française, qui semble se préoccuper par-dessus tout de l'abus qui pourrait être fait du brassard et du pavillon international.

La première de ces deux doctrines nous paraît devoir mériter votre approbation. En effet, si les insignes peuvent être confiés dans tous les cas aux personnes qui se dévouent au soulagement des blessés sur les champs de bataille, comment ne seraient-ils pas décernés à ceux qui organisent les ambulances et leur fournissent les moyens de secourir les combattants d'une manière efficace? Or pour préparer ces secours, pour recueillir les dons et les souscriptions, pour les provoquer au besoin, n'est-il pas indispensable que les membres du Comité qui agissent en son nom, soient revêtus de marques distinctives qui les recommandent à la confiance publique? Quant aux pavillons destinés à couvrir les ambulances sédentaires préparées en vue des soins à donner aux blessés, quel inconvénient verrait-on à les délivrer aux fondateurs généreux de ces utiles refuges, quand

bien même, à la rigueur, ils ne devraient pas être
tous utilisés, à la condition de ne les autoriser à les
arborer qu'au moment où ils seraient occupés, ou
bien encore dans le cas où un combat se trouvant
engagé à proximité du lieu où ils seraient établis, le
pavillon devrait servir à les indiquer aux bell
gérants?

Et d'ailleurs, en ne délivrant les insignes estam-
pillés qu'avec une carte portant un numéro d'ordre
qui permette de constater l'identité de celui qui en
est revêtu; en associant, dans cette délivrance des
insignes, les Comités internationaux aux intendances
militaires, ne prévient-on pas d'une manière cer-
taine les abus qu'on redoute?

Nous demanderions encore aux partisans de ces
restrictions de nature à paralyser les meilleures intentions, si les Comités qui se sont montrés les plus
sévères sur ce point, n'ont jamais abusé du brassard
en décorant de cet insigne respecté des employés
subalternes qui n'ont jamais rien eu à faire ni avec
les blessés, ni sur les champs de bataille?

Tous les militaires, chirurgiens, médecins, infirmiers attachés aux ambulances, rencontrés par vos
délégués à Genève, à Lyon et sur les chemins de fer,
portaient le brassard et la croix rouge, sans que jamais personne se soit avisé de le trouver mauvais.

En conséquence, c'est en nous inspirant de ces

diverses considérations que nous avons l'honneur de vous proposer, pour votre règlement, la rédaction suivante :

VIII.

RÈGLEMENT

Du Comité sectionnaire international de Grenoble.

ART. 1er.

Il est formé à Grenoble un Comité sectionnaire international de secours aux blessés militaires pour la mise en pratique de la convention de Genève, dans la circonscription qui lui sera assignée. Le Comité adhère à ladite convention, aux statuts généraux du Comité français et correspond avec lui.

ART. 2.

Le Comité international de Grenoble se compose de toutes les personnes qui feront, *par écrit*, acte d'adhésion à ces conventions et statuts généraux ainsi qu'au présent règlement.

ART. 3.

Pour les besoins du service il est divisé en trois sections, savoir :

1º Une section médicale des ambulances et des hôpitaux ;

2º Une section administrative ;

2º Une section des quêtes, des secours à domicile et de la lingerie.

Chaque membre du Comité en se faisant inscrire devra déclarer, dans son acte d'adhésion, à laquelle de ces sections il désire être attaché.

Art. 4.

La section médicale se compose de médecins, de pharmaciens et des sociétaires qui seront dans l'intention de servir dans les ambulances et dans les hôpitaux.

Elle a dans ses attributions la direction du service médical et l'organisation des ambulances et des hôpitaux de toute nature fondés par le Comité. Cette section délègue au conseil d'administration établi par les art. 7 et 12 du présent règlement, quatorze membres pris dans son sein parmi les médecins et les pharmaciens.

Art. 5.

La section administrative se compose de tous les sociétaires qui voudront s'occuper d'administration et de comptabilité. Elle administre les ressources du Comité et veille à la perception, au placement et à l'emploi des fonds et en tient une comptabilité régulière. Elle est représentée par quatre de ses membres dans le conseil d'administration.

Art. 6.

La section des quêtes et de la lingerie s'occupe de provoquer et de recueillir à domicile les adhésions et les dons en argent et en nature ; de confectionner les linges à pansement et les objets nécessaires à la literie. Elle est composée principalement de dames et délègue trois de ses membres au conseil d'administration.

Art. 7.

Le Comité est administré par un bureau et par un conseil d'administration.

Art. 8.

Le bureau se compose de :

Quatre présidents honoraires ;
Un président ;
Trois vice-présidents ;
Un secrétaire général ;
Deux secrétaires du bureau ;
Un trésorier.

Art. 9.

Les présidents honoraires sont, de droit :

Le général de la division ;
Le préfet de l'Isère ;
L'évêque de Grenoble ;
Le maire de Grenoble.

Art. 10.

Le président est pris dans la section des ambulances.

Les trois vice-présidents et les secrétaires peuvent être choisis dans les trois sections du Comité indistinctement.

Le trésorier ne peut être pris que dans la section d'administration. Il a sous ses ordres un comptable.

Art. 11.

Le bureau a pour attribution spéclale la nomination du personnel, des différents employés qui n'appartiendront pas au Comité ou pris en dehors des sociétaires.

Art. 12.

Le conseil d'administration se compose, outre les membres du bureau. de vingt-et-un membres, savoir :

Des quatorze délégués formant la commission des ambulances.

Des quatre délégués de la commission administrative ;

Et enfin des trois délégués de la commission de la section des quêtes, secours et de la lingerie.

Art. 13.

Les membres du bureau sont nommés en assemblée générale; les membres du conseil sont nommés par leurs sections respectives et à la majorité des suffrages.

Art. 14.

Tous les membres du Comité devront prendre une part active au fonctionnement de l'œuvre. Ils seront, le cas échéant, requis par le président.

Dans l'exercice de leurs fonctions, ils seront pourvus des insignes adoptés par la convention de Genève.

Art. 15.

Le brassard sera délivré aux membres du Comité, comme à tous ceux qui pourront y avoir droit, en même temps qu'une carte portant :

1° Un numéro d'ordre ;

2° L'estampille de l'intendance militaire ;

3° Le sceau du Comité qui seront reproduits sur le brassard ;

4° Le nom, la signature du destinataire et la qualité en vertu de laquelle il en est revêtu.

Nul ne pourra porter le brassard sans s'être muni de sa carte pour justifier au besoin de son identité et de son droit à le posséder.

Art. 16.

Chaque ambulance, évacuation ou hôpital sera muni d'un pavillon international.

Les ambulances volantes et mobiles l'arboreront

en tout temps. Les évacuations et les hôpitaux ne pourront l'arborer qu'à la condition d'avoir au moins un blessé en traitement ou en cas de combat, pour indiquer aux belligérants le lieu où ils doivent transporter leurs blessés.

Art. 17.

Les assemblées générales du Comité ont lieu aussi souvent que le bureau le juge nécessaire. La présence à ces assemblées est obligatoire pour tous les sociétaires.

Art. 18.

Le bureau et le conseil d'administration se réunissent chaque semaine, à un jour et à une heure convenus, dans le local mis à la disposition du Comité par la municipalité de Grenoble.

Le jour et l'heure provisoirement adoptés sont le jeudi à sept heures et demie précises du soir. La présence à ces réunions est obligatoire pour tous les membres du bureau et du conseil.

Art. 19.

Chaque absence aux assemblées et réunions donne lieu à une amende de 1 fr. au profit de la caisse de secours aux blessés, à moins d'empêchement justifié.

Art. 20.

Chaque sociétaire est tenu de verser d'avance une cotisation annuelle de 10 fr.

Art. 21.

Les ressources du Comité se composent du produit des cotisations, des dons qu'il est autorisé à recueillir ou qui lui seront adressés, des subventions qui pourront lui être accordées.

Art. 22.

L'emploi de ces ressources doit être consacré au soulagement des blessés ou des malades militaires et à venir en aide à l'insuffisance du service de santé des armées partout où il en sera besoin.

Le Comité décide lui-même et d'une manière absolue de toutes les conditions de cet emploi.

Art. 23.

Aucune modification ne pourra être apportée aux présentes dispositions qu'en assemblée générale de la Société et après approbation préfectorale.

Grenoble, le 22 novembre 1870.

Les membres de la commission du règlement.

Casimir BIGILLION, H^{ri} BRETON ;
ARMAND-REY, *Rapporteur*.

Le règlement et les considérations qui le précèdent ont été adoptés par l'assemblée générale de la Société dans sa séance du 24 novembre.

Le 21 novembre, le Comité sectionnaire international des secours aux blessés militaires de Grenoble a été affilié au Comité central français par l'arrêté suivant :

IX.

SOCIÉTÉ DE SECOURS AUX BLESSÉS

Des armées de terre et de mer. — Délégation de Tours.

Le soussigné, délégué de la Société pour les départements du sud-est ;

Vu la demande d'affiliation adressée par le président du Comité le 15 novembre 1870 ;

En vertu des pouvoirs qui lui ont été conférés par le Conseil central résidant à Paris ,

ARRÊTE :

Le comité de Grenoble est affilié à la Société aux conditions statutaires et réglementaires de ladite Société.

Le Comité de Grenoble correspondra avec la délégation du sud-est pendant l'investissement de Paris et après avec le Conseil central.

Fait à Tours, le 21 novembre 1870.

Le délégué régional du sud-est, directeur général des ambulances,
Mⁱˢ DE VILLENEUVE-BARGEMONT.

A cet arrêté se trouvait jointe l'instruction destinée aux Comités sectionnaires des départements.

X.

INSTRUCTION SOMMAIRE

Pour les Comités sectionnaires des départements.

1. Le nombre des Comités sectionnaires est illimité.

2. Ils peuvent s'organiser en relevant d'un Comité central départemental, ou rester indépendants et se mettre en relations directes avec le Comité central de Paris.

3. L'affiliation au Comité central de Paris a lieu par une lettre adressée au président nommé et choisi par le Comité sectionnaire.

4. Le Comité sectionnaire s'organise comme il l'entend et fait son règlement intérieur.

5. Il ouvre immédiatement une souscription pour recevoir de l'argent, du linge et *tous* objets en nature qui lui sont offerts.

6. Il reçoit les dons destinés aux veuves et aux orphelins et peut provisoirement conserver ces secours dans sa caisse, en en donnant toutefois avis au Comité central de Paris, afin que celui-ci puisse ultérieurement leur envoyer les demandes de secours de ce genre qui pourraient lui être adressées par des habitants du département où réside le Comité sectionnaire.

7. Pour les secours aux blessés, il est nécessaire qu'ils soient mis à la disposition du Comité central, qui envoie alors les ordres de direction, soit sur Paris, soit sur les dépôts placés près des ambulances.

Pour l'argent, il peut être déposé au nom de M. de Rothschild dans toutes les succursales de la Banque de France, ou être adressé au Comité central, à Paris (Palais de l'Industrie, porte n° IV), par chèques, lettres chargées, mandats de poste ou tous moyens réputés les plus commodes par le trésorier du Comité sectionnaire.

8. Les secours aux blessés étant les plus pressés, et la création des ambulances volontaires entraînant de grandes dépenses préliminaires, il paraît utile au Comité central que les Comités sectionnaires n'immobilisent pas, en ce moment, de trop fortes sommes

pour les veuves et les orphelins, qui seront d'autant moins nombreux que l'on aura pu organiser plus d'ambulances volontaires (Dans la guerre d'Améribue, on était arrivé à sauver quatre-vingt-quinze blessés sur cent dans ces ambulances).

9. Indépendamment de la réception des secours de toute nature qu'ils doivent recevoir, les Comités sectionnaires sont invités à dresser la liste des personnes qui demanderaient à aller comme infirmiers ou infirmières dans les hôpitaux.

Ils devront prendre des renseignements minutieux sur ces personnes, leurs antécédents, leurs aptitudes, et pouvoir en répondre. Désigner la nature du concours spécial pour lequel elles paraîtraient avoir le plus d'aptitude. Indiquer si ces personnes offrent d'aller gratuitement et à leurs frais, sauf à être nourries seulement dans les hôpitaux une fois arrivées, ou si elles demandent une rétribution et le paiement des frais de voyage.

Les Comités sectionnaires, dans un rayon de cinquante lieues en arrière du théâtre de la guerre, pourraient également s'enquérir des personnes disposées à recevoir des blessés chez elles, et transmettre alors au Comité central des états indiquant, avec une grande précision, les noms et adresses de ces personnes charitables.

Quant aux Comités existants dans les départements limitrophes du théâtre de la guerre, ils devront garder toutes leurs ressources, sauf à nous en donner connaissance. En cas d'insuffisance, le Comité central dirigerait du matériel sur les dépôts organisés par les soins de ces Comités.

LOTERIE NATIONALE

Autorisée par décision ministérielle en date du 6 septembre 1870, au profit de la Société de secours aux blessés militaires de l'armée de terre et de mer.

La Société internationale de secours aux blessés a fait appel au public pour l'organisation d'une loterie nationale dont le produit sera consacré aux victimes de la guerre.

Le Comité a bien voulu nous charger de la partie artistique de la loterie.

Nous nous adressons à votre dévouement et à votre générosité et vous demandons de concourir à son œuvre par le don d'une de vos productions.

L'art est une des gloires pures de notre pays; faire le bien est une de ses nobles prérogatives. Le concours des artistes n'a jamais manqué lorsqu'il s'est agi de charité.

A défaut d'œuvres que les circonstances actuelles ne vous permettraient pas d'exécuter, nous vous demandons votre adhésion.

Les noms des donateurs, ainsi que les envois

seront reçus par les commissaires délégués, *au nouvel Opéra, rue Gluck.*

L'exposition des objets d'art sera faite par nos soins, dans les salles de l'Opéra disposées à cet effet.

Les Commissaires délégués,

Charles GARNIER, arch. de l'Opéra ; Paul BAUDRY, membre de l'Institut; TULMOUCHE, artiste peintre; MEISSONNIER, artiste peintre; BIDA, artiste peintre.

Les dons seront reçus au siége des Comités affiliés à la Société, qui les adresseront à MM. les Délguéés régionaux :

A Tours, M. le vicomte de FLAVIGNY ;

A Angers, M. BEULÉ, de l'Institut ;

A Bourges, M. le comte MELCHIOR DE VOGUÉ ;

A Rennes et à Caen, M. le comte FOUCHER DE CAREIL ;

A Bordeaux, M. le comte LEMERCIER ;

A Montpellier, M. de BILLY ;

A Lyon, M. VERNES D'ORLANDES ;

A Marseille et à Toulon, M. le marquis de VILLENEUVE-BARGEMONT, et à M. Paul DALLOZ, au bureau du *Moniteur universel.*

A l'étranger, chez MM. les Présidents des Comités internationaux et dans les consulats.

BUREAU

du Comité sectionnaire international de Grenoble.

Présidents honoraires :

M. le Général de la division.
M. le Préfet de l'Isère.
Mgr l'Évêque.
M. le Maire de la ville de Grenoble.

Président :

M. H. BUISSARD, professeur à l'école de médecine.

Vice-présidents :

M. DUPONT-DELPORTE, propriétaire.
M. H. BRETON, professeur à l'école de médecine.
M. CORCELLET, professeur à l'école de médecine.

Secrétaire général :

M. ARMAND-REY, professeur à l'école de médecine.

Secrétaires du bureau :

M. BERRIAT, professeur à l'école de médecine.
M. GACHÉ, membre de la commission municipale,

Trésorier :

M. PAGÈS , conseiller à la Cour d'appel.

Conseil d'administration.

1re SECTION. — *Des ambulances.*

MM. CHARVET, neveu, médecin du Lycée.
ALLARD (Alexandre), médecin des épidémies.
VERDIER, vaccinateur.
GIROUD, professeur suppléant à l'école de médecine.
BERGER, professeur suppléant à l'école de médecine.
FLANDRIN, pharmacien, membre de la commission municipale.
RICHARD, pharmacien, membre de la commission municipale.
MARTEL, pharmacien.
DUFRÊNE, directeur de l'école de médecine.
JUVIN, membre de la commission municipale.
LEROY, docteur en médecine.
PAYRAUD (Adrien), docteur en médecine.
CHABERT, chirurgien-major.
SIRAND, pharmacien.

2ᵉ Section. — *Administration.*

MM. Seguin, doyen de la faculté des sciences.
Sorrel, membre de la commission municipale.
Bigillion, président à la cour d'appel.
De Martène, ancien membre du conseil mu-
nicipal.

3ᵉ Section. — *Quêtes, secours, lingerie.*

Mᵐᵉˢ N...
N...
N...

———

Le Comité international de Genève publie la liste
des blessés prisonniers en Prusse.

S'adresser au bureau du Comité de Grenoble pour
en obtenir des exemplaires.

Se vend : 1 fr. 50 c. la livraison, au profit des
blessés.

13